AF569816

OHREN AUF

Was zu knabbern

Michael Augustin

Immer was zu knabbern

Ausgewählte Miniaturen & Gedichte

Mit 18 Collagen des Autors

Edition Temmen

Die Deutsche Bibliothek verzeichnet diese Publikation in der Deutschen Nationalbibliografie; detaillierte bibliografische Daten sind im Internet unter http://dnb.ddb.de abrufbar.

Für Sujata, Jenny & Kali

© Edition Temmen e.K. 2023
Hohenlohestraße 21 – 28209 Bremen
Tel. 0421-34843-0
info@edition-temmen.de – www.edition-temmen.de

Alle Rechte vorbehalten

Printed in Shanghai
ISBN 978-3-8378-7068-8

Inhalt

Was zu knabbern

Schreib

Schreib uns doch bitte ein Gedicht
mit dem man durch die Woche kommt

an dem es immer was zu knabbern gibt
am Montag schon und noch am Freitag

das selbst am Sonnabend
zur Sportschauzeit noch
mehr fetzt als das ganze Rumgekicke

und das am Sonntag locker
jeden Gottesdienst ersetzt

Nebelgedicht

Hier
beginnt es.

Und hier
beginnt bereits der Nebel,
in dem es jetzt verschwindet.

Hier die eindeutig schönste Stelle des Gedichts.
(Wegen des verfluchten Nebels
aber leider nicht zu lesen.)

Hier kommt es wieder raus aus dem Nebel.

Und hier
ist es zu Ende.

Achtung Leser!

Im Gegensatz
zur herkömmlichen Poesie
enthält dieses Gedicht
keine Konservierungsstoffe.

Im Kühlschrank
kannst du es
bis zu drei Tage,
im Gefrierfach
bis zu einer Woche
und in der Tiefkühltruhe
bis zu einem Jahr verwahren.

Am besten aber
liest du es gleich.
Dann bist du schon mal
eine Sorge los.

Der Mann,
der ganz groß rauskommen wollte

für Ror Wolf

Der Mann, der ganz groß rauskommen wollte
und schon alles bereitgelegt hatte:

Die drei Tuben Senf, die Glocke am Band,
den bleiernen Hammer und sechs Kilo Mehl,
die Dose mit Gift, den Hut mit den Federn,
das rostfreie Messer, das Kissen aus Stein
und das unbeschriebene Blatt –

Der Mann, der ganz groß rauskommen wollte
und schon alles klargemacht hatte:

Mit der Meute aus Mali, dem Burschen aus Bern,
mit der Schlampe aus Schrunz
und den drei tollen Tanten,
mit dem Sausack von Sylt und den Kackern aus Köln,
mit dem Wichser von Wien
und dem Luder vom Leuchtturm –

Dieser Mann, der ganz groß rauskommen wollte,
ist einfach eingeschlafen:
Kopf auf dem Küchentisch,
Wange an ein Glas geschmiegt,
mit warmer Milch, die längst schon kalt ist jetzt.

Wie es so geht

Den Gedichten geht es heutzutage erheblich besser und schlechter. Sie werden eindeutig von mehr oder weniger Leuten gelesen. Den meisten Passanten sind Gedichte völlig egal, Lehrern, Redakteuren und Buchhändlern sind sie noch egaler. Am egalsten sind sie den Verlegern. Wer Gedichte verfasst, darf sich, muss es aber nicht, obwohl das dringend anzuraten ist, Dichter oder Poet nennen, ohne dafür, wie noch unlängst üblich, ausgelacht zu werden, und wird mit Preisen aller Art zugeschüttet, es sei denn, er wird es nicht. Die Jungen sind alt, die Alten jung, die Toten am lebendigsten. Alles reimt sich auf Berlin. Was sich nicht auf Berlin reimt, reimt sich nicht. Es reimt sich einiges, das sich nicht reimt.

Sprache und Welt

Die Kluft zwischen Sprache und Welt ist seit Urzeiten ungeheuerlich, ließe sich aber mit all dem, was mittlerweile dazu gedacht, gesagt und vor allen Dingen geschrieben worden ist soweit stopfen, dass man mühelos und nach Belieben zwischen beiden hin- und herspazieren könnte.

Schreiben

Schreiben bedeutet natürlich nicht, dass du neue Wörter aufs Papier bringst. Es geht darum, aus der fürchterlichen Masse der bereits vorhandenen genau so viele wegzustreichen, dass unter dem Strich noch etwas übrigbleibt.

Fight

Zwei erfahrene, blumenkohlohrige Faustkämpfer, die eigentlich fest damit gerechnet hatten, gleich unter geschicktem Einsatz brutalster körperlicher Kräfte über eine Strecke von zwölf Runden aufeinander eindreschen zu sollen, staunten nicht schlecht, als man sie stattdessen mit auf den Rücken gebundenen Händen in den Ring führte und dazu aufforderte, ihren Kampf ausschließlich mit Worten zu führen.

Wörter

Menschenkettenhund, Aufenthaltsentziehungskur, Juhuligans, Windhosenträger, Schuldenbergrutsch, Schwanengesangsverein, Buchrückenschmerzen, Wolkenkuckucksheimarbeiter, Hinterweltmeister, Mittelstandrecht, Cheeseburgertum, Bleistiftung, Vereinfältigkeit, Lattenkreuzigung, Torwarteraum, Endzeitstimmungskanone, Konsensenmann, Staubsaugermanisik, Literaturbetriebsrat, Lebensgefahrkartenkontrolleur, Größenwahnsinnhaftigkeit, Politikverdrossel, Stadtkernspaltung, Stuhlgangster, Toleranzigkeit, Totenkopfsalat, Zeitaltersheim, Avantgarderobe, Poesiechenhaus, Volksgemeinschaf, Wahrheiterkeit, Windkraftzersetzung.

Zeitbomben

Sehr beunruhigend die Nachricht, es seien kürzlich einige Wörter entdeckt worden, deren Existenz selbst die hartgesottensten Sprachforscher sich nie und nimmer hätten ausmalen mögen. Grauenerweckende, unsägliche, nervengifthaltige Verben, bei denen es sich zum Teil um Neubildungen handeln könnte, die aber im Wesentlichen längst vorhanden gewesen sein dürften seit der Zeit der Cromagnon, als offenbar genetisch angelegte, linguistische Zeitbomben. Wer immer es wagte, diese Wörter in den Mund zu nehmen und sie etwa zu Forschungszwecken auch nur im Anlaut zu artikulieren, dem habe es sogleich das Gaumensegel zerfetzt und mit einem an Peitschenknallen erinnernden Geräusch die Stimmbänder zerrissen. Natürlich habe man alles daran gesetzt, die Einwohner des Landes durch Verschweigen der Wörter vor Schlimmem zu schützen, doch früher oder später werde der Tag kommen, an dem sie unter das Volk geraten: Aus den Sprachlaboren geraubt durch terroristische Banden und in den Innenstädten freigesetzt – oder – aus dem Munde eines unschuldigen Krabbelkindes, das sein erstes Wort spricht.

Geschrumpft

Seit dem Erscheinen seines kleinen Gedichtbandes ließ ihn das Gefühl nicht los, dass die gesamte bislang veröffentlichte Literatur dieser Welt zu einer Art Fußnote geschrumpft war. Zu einer zwar grundsätzlich nicht unwillkommenen, aber bei genauem Hinsehen doch eher überflüssigen Ergänzung jener sechsunddreißig Druckseiten, die nun ein jeder, der es nur wollte, zum Preise von lumpigen zwölf Euro erwerben konnte.

V-Leute

Angeblich werden rund dreiundsechzig Prozent aller deutschsprachigen Gedichte von in die Poesieszene eingeschleusten V-Leuten geschrieben.

Ein Gedicht von mir

Als ich morgens aus dem Hause trete und wie immer zuerst nach links, dann aber nach rechts schaue, tobt da natürlich gerade wieder diese unglaubliche Staubwolke mit den fahrplanmäßig in sie gehüllten großen Gedichten heran, eine lärmende Stampede, die ich, den Rücken an die Hauswand gepresst, in ihrer Großmäulig- und Vielfüßigkeit vorüberkajolen sehe. Als sich der Staub schon wieder legt, kommt da noch so ein Kälbchen hinterhergehinkt auf drei Versfüßchen, ziemlich zerzaust, ein trauriges Geschöpf mit Tränen in den schwarzen Tümpeln seiner Augen, das ich erst mal hineinbitte ins Haus auf einen Tee und etwas Dosenmilch mit Zucker. »Kann ich bleiben?«, fragt es schließlich zittrig. »Ginge das vielleicht?« »Na klar«, sag ich, »fühl dich hier ganz wie ein Gedicht von mir.« – »Das tu ich«, sagt es, »und das will ich gerne sein!«

Bedienungsanleitung für das Gedicht

i.m. Adrian Mitchell

Bitte halten Sie Abstand.
Berühren Sie es nicht.
Bleiben Sie außerhalb der Dreimeilenzone.
Fügen Sie eine Prise Salz hinzu.
Erwärmen Sie es auf kleiner Flamme.
Lassen Sie es kurz aufkochen.
Rühren Sie es gut um.
Vermeiden Sie Blickkontakt.
Lassen Sie Ihr Radio eingeschaltet.
Bitte legen Sie die bedruckte Seite nach unten.
Wechseln Sie rechtzeitig die Batterie.
Halten Sie Türen und Fenster geschlossen.
Verwahren Sie es unzugänglich für Erwachsene.
Hängen Sie es tropfnass auf.
Cremen Sie sich damit ein.
Benutzen Sie unseren kostenpflichtigen Ansagedienst.
Machen Sie sich auf das Schlimmste gefasst.
Entwerten Sie es.
Bitte beachten Sie,
dass es zu starker Rauchentwicklung kommen kann.
Legen Sie Schutzkleidung an.
Setzen Sie Ihren Helm auf.
Machen Sie von Ihrer Schusswaffe Gebrauch.
Bitte tragen Sie keine kurzen Hosen,
und bedecken Sie Ihre Schultern.

Ist Gefahr im Verzug,
zählen Sie bitte bis drei, und werfen Sie es
im hohen Bogen von sich.
Gehen Sie in Deckung.
Atmen Sie es nicht ein.
Schützen Sie sich vor Ansteckung.
Benutzen Sie Kondome.
Beachten Sie,
dass es zu farblichen Abweichungen kommen kann.
Zapfen Sie blasenfrei.
Bleiben Sie angeschnallt.
Vergessen Sie nicht, dass Sie zwei Stimmen haben.
Geben Sie Ihr Passwort ein.
Bitte sehen Sie von weiteren Anfragen ab.
Respektieren Sie die Geschäftszeiten.
Betätigen Sie die Wasserspülung.
Lassen Sie es zu keinem Zeitpunkt unbeaufsichtigt.
Füttern Sie es nicht.
Füllen Sie keine heiße Asche ein.
Begießen Sie es regelmäßig.
Tragen Sie es jederzeit gut sichtbar bei sich.
Zeigen Sie es auf Verlangen vor.
Posaunen Sie es aus.
Erklären Sie sich mit dem Inhalt einverstanden,
und bewahren Sie Stillschweigen.
Hinterlegen Sie es gut sichtbar vor Ihrer Haustüre.
Nehmen Sie Rücksicht auf Ihre Nachbarn.

Sollte es zu Unregelmäßigkeiten kommen,
konsultieren Sie bitte Ihren Hausarzt.
Unterbrechen Sie auf keinen Fall die Kühlkette.
Malen Sie die weißen Flächen mit Farben aus.
Lassen Sie es bis zur oberen Markierung volllaufen,
und verbrauchen Sie es möglichst
innerhalb von zwei Tagen.
Sie können es aber auch
binnen drei Wochen zurücksenden,
ohne dass Ihnen weitere Kosten entstehen.
Legen Sie kein Rückporto bei.
Schlagen Sie es sich aus dem Kopf.
Waschen Sie sich die Hände.
Halten Sie Papier und Bleistift bereit.

Joie d'écrire

Manchmal kommt es an wie ein weiter Abschlag aus dem Unsichtbaren: von dem dahinten im Nebel ins Blaue getreten zwar und doch, der Zufall will es (oder wer sonst?), dir genau in den Lauf. Oder es kommt als kurzer Pass durch die Beine des Gegners, als Lupfer genau auf Kopf, als Schlenzer, der dich findet (von einem unbekannten Freund), als scharfer oder schlapper Einwurf, als Flanke aus dem Nichts, als etwas, das heranrollt, in einer Pfütze zum Stillstand gekommen, abgeprallt, ins Feld zurückgesprungen ist. Kurzum: als etwas Unverhofftes, aus dem du, mit fortune, etwas machen kannst. Wenn du es kannst! Wenn es dir nicht verspringt, wenn du nicht daneben trittst, wenn du kein Loch in die Luft schlägst, wenn deine Zeit noch nicht um ist, wenn keiner pfeift. Du musst dir deine Angst aus der Stirn streichen, Sisyphos. Knietief stehst du im Acker. Pflüg einfach los. Dies ist der Moment der größten Freude: Du hast die Möglichkeit, das Ding zu machen, selbst wenn du's nicht machst. Nach dem Spiel ist vor dem Spiel. Und das gilt umgekehrt auch.

Der junge Dichter schreibt zurück an R.

Spät kommt mein Dank für Ihren liebenswerten Brief, der mich erst jetzt erreicht, nach einer halben Ewigkeit. Das Dichten, wissen Sie, hab' ich inzwischen aufgegeben und arbeite als Koch. Wenn Sie mal in der Gegend sind, dann schaun Sie bitte bei uns rein!

PS: Von meinen Wildpastetchen sagt man, sie seien ein Gedicht.

Schönheit

Um die Schönheit der Gedichte zu erkennen, musste er jedesmal seine hässliche Brille aufsetzen.

Gedenktag

Am heutigen Tage gedenken wir des Tages, an dem Soundso in Vergessenheit geraten ist.

Rezept

Doktor Benn
verschreibt ein Gedicht.

Es ist bitter.
Es brennt auf der Zunge.
Es hat einen Nachgeschmack.

Jemand sagt: Es hilft.
Einer fragt: Gegen was?

Nänie im Bücherladen

Unter Lyrik stehn sie arg beengt
paar Bändchen nur, hineingezwängt:
drei Klassiker, und gleich daneben
zwei Preisgekrönte, die noch leben

Ach ja, sie stehen, stehen, stehen
doch diese blöden Leser gehen

auf ausgelatschten Bahnen
(es nützt nix, sie zu warnen)
schnurstracks zu den Romanen

Lebensmittelpolizei

Unangemeldet erscheinen zwei Beamte in der Buchhandlung, prüfen, ob die Belletristik artgerecht gelagert ist, ob die Raumtemperatur stimmt, die Sortierung der Bücher nach Alphabet oder Farben. Prüfen den Körperpflegezustand der Buchhändlerin und ihres missmutig mitarbeitenden Ehemanns, der, peinlich genug, seine verschmuddelten Hände vorzeigen muss und darob, mit gesenktem Kopf, eine Ermahnung einzustecken hat. Jetzt wird der Wahrheitsgehalt der Nachschlagewerke kontrolliert, die Haltbarkeit der Klassiker, der Blutzuckerspiegel eines italienischen Kriminalromans, der Bleigehalt eines deutschen. Auch das Reimschema des aus einer nicht im Zuständigkeitsbereich der Europäischen Union liegenden Fremdsprache übersetzten Lyrikbandes wird nicht beanstandet, die Essbarkeit der Kochbücher, die Gesamtseitenzahl der versammelten Druckwerke, das Verhältnis von Form und Inhalt. Nur am Tisch mit den Bestsellern stutzen die Herren, entnehmen Leseproben für das Labor und wenden sich schließlich zur Tür. Diesmal, so scheint es, ging es noch gut. Doch Fortsetzung folgt.

Geiziger Schriftsteller

Ein Schriftsteller, der so geizig ist, dass er sich, nur um Papier zu sparen, einen kompletten Roman verkneift.

Ausgebrannt

Ein entsetzlich heruntergekommener, ausgebrannter Schriftsteller, der sich nicht mehr anders zu helfen weiß, als bei seinen eigenen Epigonen abzuschreiben.

tradittore traduttore

Einige Übersetzer machen sich bei ihrer Arbeit daran, die Strickjacke des Originals komplett aufzuribbeln, um sie am Ende als Strickhose unter die Leute zu bringen.

Unsterblich

Ein weit über die Grenzen seiner Vaterstadt hinaus be- und anerkannter Autor von Sachbüchern ist wenige Wochen vor Fertigstellung seines neuen Buches gestorben. Heißen sollte es »Wie man unsterblich wird«. Jetzt hat er sein Geheimnis mit ins Grab genommen.

Iowa City, Oktober ’84

Das *Amelia Earhart Deli*
war unser Lieblingscafé
Da hockten wir jeden Nachmittag
tranken Tee
schrieben Gedichte und lasen Zeitung

Richard Brautigan ist tot
sagtest du
er soll sich erschossen haben
steht hier

Am Drink
den ich darauf bestellte
nipptest du nur
Das ist bitter
sagtest du
und meintest den Whiskey
Stimmt
sagte ich
und meinte den Tod

Später teilten wir uns
Pfannkuchen mit Ahornsirup
Ich dachte
mir fliegen die Plomben raus
so süß war der

Gemurmel für Remco Campert

I.
Der Mond von Indonesien:
So viel wärmer
als die Sonne bei uns.

II.
Wie sollen wir denn
die Frösche verstehen,
wenn die so einen Lärm machen?

III.
Die Insel Samalona:
Vom Wasser umzingelt
wie ein Tümpel vom Land.

IV.
Die kleinen Bäume
zwischen den Gleisen
haben ihren eignen Fahrplan.

V.
In Cognac für ewig,
damit es nicht bricht:
Das Herz von Chopin.

VI.
Die Lebenden:
Leicht abzuwimmeln.
Doch mit den Toten
musst du leben.

VII.
Bei uns am Tisch:
Ein Toter, der sich lebend stellt.

VIII.
Darwins Schildkröte
glaubte ihr Leben lang,
dass Gott es war,
der sie aus Lehm geschaffen hat.

IX.
Auch in Schwarz-Weiß
noch bunt:
Der irische Regenbogen.

X.
Im Windschatten
vorauseilender Schnecken.

XI.
Ein für Humor zuständiger
Hochkommissar
der Vereinten Nationen.

XII.
Was aber ist
ein Gedicht über Bordeaux
gegen eine Flasche Bordeaux?

XIII.
Nur Betrunkene wissen
dass Zwillinge
aus vier Leuten bestehen.

XIV.
Nicht ich bin schlecht.
Mein Gewissen ist es.

XV.
Sie leiden an »writer's block«?
Dann schreiben Sie doch mal drüber!

XVI.
Im Kühlschrank
zwei Dosen Bier
und ein Brummen.
Das Brummen bleibt.

XVII.
Möchten Sie lieber
ein Stück Freiheit
oder ein Stück Marzipan?

XVIII.
Eines Frühlings
ward mir klar:
Meines Lebens
Herbst ist da!

XIX.
Der Mensch:
ein mit Wasser und Kalk
gefüllter Sack
der Kriege führt
und Gedichte schreibt.

Wie Samenkörner

i.m. Robert Hansen

Gedichte wie Samenkörner
den Betonköppen
in die Vorgärten gepfeffert

Sprengsätze
aus winzigen Wörtlein
daraus es wie Efeu
emporkriecht an den Fassaden
wie Klettertrompeten
wie wilder Wein
in die Mauerritzen greift
es krachen lässt in den Fugen
das Dach anhebt wie einen Hut
aus dem die Schindeln rieseln

Montgolfieren

Es gibt Gedichte, die, Fesselballons oder Montgolfieren gleich, nur dann in Bewegung kommen und aufsteigen, wenn sie vom Dichter höchstpersönlich vorgetragen werden. Ist dieser Feuertopf dann allerdings einmal erloschen, müssen sie wohl für immer am Boden bleiben.

Diät

Seit acht Uhr früh
nichts als Gedichte gelesen.

Siebzehn Stunden lang
nichts als Gedichte.

Davon kann man
verrückt werden,
sagst du.

Und ich weiß,
dass du weißt,
was das heißt.

Theaterlockdown

Hoffentlich
kommt nicht
ausgerechnet jetzt
Godot

Storno Dr. Faust

Auerbachs Keller:
Geschlossen!

Flug zum Brocken:
Gecancelt!

Gretchen:
Abstandsregel beachten!

Fahr zur Hölle,
Mephisto!

Schredderätätätä

Dies ist für dich,
mein schnurrender Katzenersatz,
mein elektrischer Sittich,
mein hechelndes Hündchen aus Blech.

Für dich, du verkannter
missratene Verse fressender Freund
echter Dichter:

für dich, mein geliebter
Aktenvernichter.

Auf Achse

ICE

Wenn du denkst,
dass ich der Kerl da bin
im Speisewagen,
der Kerl, der grad den Blick
auf Würzburg wirft
und lächelnd seinen Kaffee schlürft,
dann irrst du dich.

Ich bin der andre da,
am Bahnsteig in Hannover,
der mit dem abgefrornen Arsch,
der schon seit über einer Stunde
dort auf etwas wartet,
das fahrplanmäßig eben jetzt
durch Fulda rattern sollte,
obwohl's noch nicht einmal
durch Hamburg rollte!

Auf Achse

Zwei Reisende, die seit Jahren gemeinsam auf Achse sind. Immer abwechselnd darf der eine von ihnen im Koffer sitzen, während der andere den tragen muss. Es geht voran.

Egal

Egal wohin du reist, deine Sorgen hast du immer im Gepäck bei dir. Lufthansa erlaubt dreiundzwanzig Kilogramm, Ryanair nur zehn.

Zu früh

Zu seiner eigenen Überraschung, scheint es, fährt mein Zug fünf Minuten zu früh in den Bahnhof ein, erkennt aber sogleich seinen Fehler, öffnet gar nicht erst die Türen und rollt für zweieinhalb Minuten rückwärts, bevor er wieder vorwärts fährt und diesmal auf die Sekunde pünktlich im Bahnhof einläuft.

Kellner

Die provokante Langsamkeit des Kellners im Bordrestaurant des ICE zwischen Kassel und Würzburg! Gerade plustere ich mich auf und will etwas sagen, doch da fällt mir ein, dass der Kellner auf dieser Strecke ja tatsächlich mit einer Geschwindigkeit von gut 300 Stundenkilometern serviert. Da kann man nun wirklich nicht meckern.

Milch

Im Zug durch Hollands muhende Landschaften. Trink mehr Milch, rufen sie mir zu. Gleich am Bahnhof, hörst du, trinkst du einen Liter Milch auf ex! Versprochen? Ja, ja, sag ich. Und trink dann später doch bloß Bier.

Der Bahnhof fährt ab

Das kleine Kind hinter der spiegelnden Glasscheibe im ICE, das seinen Eltern soeben in heller Aufregung mitteilt, der Bahnhof bewege sich und fahre mitsamt all den Leuten auf dem Bahnsteig davon, wird freundlich, aber bestimmt zurechtgewiesen, dass es natürlich der Zug sei, der sich bewege und nicht etwa der Bahnhof. Leider kann ich, mit meinem Koffer auf dem Bahnsteig stehend, nicht mehr beobachten, was für ein Gesicht die Eltern machen, als nun endlich auch sie erkennen müssen, dass das Kind völlig recht gehabt hat und dass es diesmal in der Tat der Bahnhof ist, der sich davonbewegt hat und nicht der Zug.

Eulenweg

Ein Herr, der den unwiderstehlichen Drang verspürte, Eulen nach Athen zu tragen, machte sich eines Tages, allen guten Ratschlägen zum Trotz, auf den Weg, der aber leider, wie bekanntlich alle Wege, nicht nach Athen, sondern nach Rom führte.

Grieche

Auf der Ägäisinsel Skopelos, deren Schönheit in Verbindung mit der Tageshitze jeglichen Atem raubt, kommt mir urplötzlich die Szene aus einem DEFA-Film über Hölderlin in den Sinn, als der von einem Franzosen gefragt wird: Sind Sie Grieche, Monsieur? Und darauf antwortet: Nein, im Gegenteil.

Trojanisches Pferd

In der Innenstadt ist ein trojanisches Pferd aufgestellt worden. Was verständlicherweise für einige Unruhe unter den klassisch gebildeten Einwohnern sorgt, die das Pferd bis in die tiefste Nacht hinein argwöhnisch umlungern, natürlich auf alles gefasst. Als sich allerdings nach eingehender Prüfung herausstellt, dass es leer ist, geht man aufatmend und zutiefst beruhigt nach Hause, und die mittlerweile allgemeine Leere kann sich voll ausbreiten.

Lethe

Staunend, eine Dose Bier in der Hand, am Ufer der Lethe stehend, eines Rinnsals, das bei Hundsmühlen, am Oldenburger Stadtrand, in die Hunte fließt, einen Nebenfluss der Weser. Ein Schluck nur aus der Lethe (wie jene sich erinnern werden, die nicht aus ihr getrunken haben) und alles ist vergessen, wegradiert und ausgewaschen, als wäre es nie gewesen. Aus dieser Lethe also einmal schlürfen? Nur einen Schluck aus hohler Hand im Selbstversuch? Vergiss es, solange noch Bier in der Dose ist.

Wartesäle

Dieser Tage werden landauf und landab immer mehr kinoartig bestuhlte Wartesäle eröffnet, in denen sich, gegen eine kleine Eintrittsgebühr, Gleichgesinnte versammeln, um hier in völliger Dunkelheit gemeinsam darauf zu warten, dass die Zeit vergeht. Junge Eltern zum Beispiel, die es nicht abwarten können, dass ihre Kinder endlich groß und erwachsen werden und das Haus verlassen; Ehefrauen, die dem Ableben ihrer trunk- und fußballsüchtigen Männer entgegenfiebern. Menschen mit Winterdepressionen, die den Frühling herbeisehnen; alleinstehende Bankangestellte, denen der Filterkaffee viel zu langsam durchläuft oder Reisende, die an ihren ewigen Verspätungen leiden. Seit die Menschen immer zahlreicher von diesem Angebot Gebrauch machen und sämtliche Sitz- und Stehplätze meist hoffnungslos ausgebucht sind, ist man dazu übergegangen, an fast jeder Straßenecke eilig zusammengezimmerte, eigentlich recht primitive Wartehäuschen zu errichten, in denen sich nun all jene drängeln, die auf den Einlass in die Wartesäle noch warten müssen.

Statisten

So ziemlich jedermann geht schlicht davon aus, dass es sich bei dem Menschengewimmel in der Innenstadt, den Zig- und Abertausenden von Passanten, Bummlern, Flaneuren und Schaufensterauslagenbegaffern, die in den Stoß- und Geschäftszeiten dort umhergehen, im Wesentlichen um Menschen wie du und ich handelt. Leute mit mehr oder weniger umfangreichen Familien, die sich des Morgens nach dem eilig eingenommenen Frühstück in Richtung City aufmachen, um dann endlich im Laufe des späteren Nachmittags heimzukehren, zu speisen, fernzusehen, sich geschlechtlich zu betätigen und dann möglichst bis zum Anbruch des folgenden Tages durchzuschlafen.

Jetzt ist zu erfahren, dass diese Einschätzung keineswegs zutrifft; dass sie für gerade mal (hochgegriffen) 1% der tagsüber durcheinanderwimmelnden Personen gelten kann.

Bei 99% der Beteiligten handelt es sich nämlich um willenlose Statisten; Figuren, die alles andere als ein bürgerliches Leben führen, die in Wahrheit ein geradezu jämmerliches Dasein fristen, weit draußen vor den Städten, noch außer Sichtweite der hoch aufragenden Trabantenstadtvorposten. Menschen, die wie Vieh in gewaltigen Stallungen zusammengepfercht die Stunden der Finsternis verbringen müssen. Notdürftig abgefüttert mit entsetzlichen Kaumassen, aus dröhnenden Lautsprecherboxen beschallt mit unsäglichen Nachtprogrammen, bevor dann, noch vor Tagesanbruch, Lastwagen kolonnenweise vorfahren und das willenlose Menscheninventar für acht Stunden hineinkarren in die toten Innenstädte, es dort abkippen und auf diese Weise uns wenigen, die wir jetzt, gut ausgeschlafen und befrühstückt, die Geschäfts- und Konsumzentren betreten, signalisieren, dass alles seine Ordnung habe. Wir fallen darauf rein, Tag für Tag, ohne uns im mindesten getäuscht zu sehen.

Manchmal, wenn eine der Unglücklichen ihre Hand hebt, um uns ihre Verzweiflung zu bedeuten, wenn einer von ihnen den Hut lüftet, um uns den geplagten,

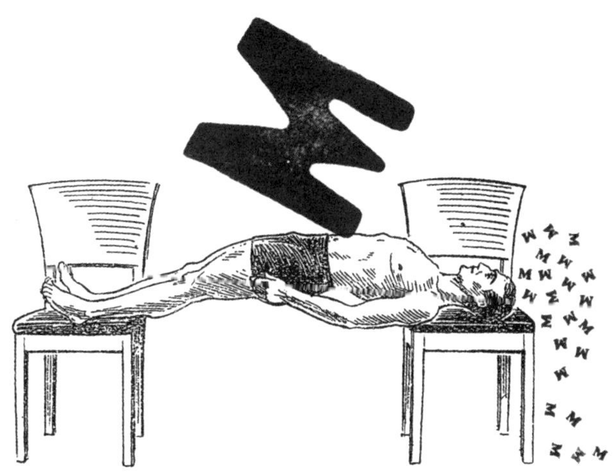

kahlen Schädel vorzuweisen, halten wir diese Geste für den irrtümlichen Gruß eines uns mit jemandem verwechselnden Passanten, wobei wir uns aber nie ganz sicher sind, ob wir die fragliche Person nicht doch von irgendwoher kennen. Also grüßen wir anstaltshalber flüchtig zurück.

Und abends, wenn wir wieder nach Hause zurückgekehrt sind, um zu speisen, fernzusehen, uns geschlechtlich zu betätigen und dann möglichst bis zum Tagesanbruch durchzuschlafen, fahren die Lastwagen vor, kolonnenweise, um die Statisten einzusammeln in der Innenstadt und sie zurückzukarren in die Stallungen für die Stunden der Finsternis.

Die Frau im Fenster

In einem Fenster im 2. Stock eines Mietshauses auf der anderen Straßenseite bemerkte der Spaziergänger, wie ihm, obwohl er eigentlich in dieser Stadt ganz fremd war, eine junge, recht luftig bekleidete Frau sehr lebhaft mit einem weißen Tuch zuwinkte. Angenehm überrascht hielt er inne, zog aus der Manteltasche ein weißrot gestreiftes Schnupftuch und winkte nun seinerseits der jungen Dame zu, wobei er sich anschickte, die Straße zu überqueren, um der Unbekannten etwas näher zu sein. Groß war sein Schreck, als er, im Gehen immer noch das Schnupftuch schwenkend, erkennen musste, dass die Frau ihm keinesfalls zuwinkte, sondern lediglich sehr energisch mit dem Putzen der Fensterscheibe befasst war. Seiner eigenen, ihm nunmehr entsetzlich peinlich erscheinenden Winkbewegung versuchte er sogleich, mehr schlecht als recht, eine gänzlich andere Bedeutung zu geben, indem er die Hand mit dem flatternden Schnupftuch etwas linkisch in die Nähe seiner Brille führte, diese mit der freien Hand abnahm und damit begann, die Gläser zu putzen. Weshalb er leider nicht sehen konnte, dass die junge Frau jetzt auf einmal doch dazu übergegangen war, ihm zuzuwinken, aufgeregt, mit beiden Händen sogar, um ihn, leider zu spät, zu warnen vor der heranrasenden Straßenbahn.

Frau Sebald und Herr Johnsen

Während Frau Sebald und Herr Johnsen in aller Öffentlichkeit Hand in Hand spazieren gehen, tut sich keine hundert Meter weiter links ein gewaltiges Loch auf, in das ein Langstreckenläufer, zwei Radfahrer sowie ein bis auf den letzten Platz besetzter Omnibus stürzen.

Darüber haben die Nachbarn natürlich noch wochenlang gesprochen. Frau Sebald und Herr Johnsen! Und beide Hand in Hand! Das muss man sich mal vorstellen!

Herr Berck

Eigentlich ist der Herr Berck das, was man einen rundum zufriedenen Menschen nennt. Er hat eine wunderbare Frau, einen ebensolchen Hund, der aufs Wort gehorcht, sowie zwei Kinder, wovon das eine ein Stammhalter und das andere ein Mädchen ist.

Da sagt er unversehens eines Tages mitten in den familiären Frieden hinein, er gehe mal eben um die Ecke und hole sich ein paar Zigaretten, in fünf Minuten sei er wieder zurück.

Und was soll ich Ihnen sagen? Da hat der Mann doch tatsächlich gelogen und ist nicht etwa nach fünf Minuten wieder zurück, sondern schon nach drei!

Herr Wendrig

Herr Wendrig wird auf offener Straße von einer ihm völlig fremden Dame niedergeküsst.

Eine Gott sei Dank zufällig anwesende Doppelstreife der Polizei beobachtet die Szene und schießt die Dame über den Haufen. Als sich Herr Wendrig, noch etwas benommen, erhebt, erkennt er sofort die prekäre Situation und rettet die Dame durch Mund-zu-Mund-Beatmung. Zwei Wochen später wird geheiratet.

Und ob Sie es glauben oder nicht: Die beiden Polizisten sind als Trauzeugen dabei.

Liebesgeschichte

Es war einmal eine bitterarme Schriftstellerin, die hatte sich in einen Radiergummi verliebt. Freunde und Bekannte der Schriftstellerin ahnten Böses und zuckten skeptisch mit ihren Ohrläppchen. Da die Schriftstellerin aber nur ein einziges Blatt unbeschriebenen Papiers besaß, erwies sich die Verbindung als geradezu ideal: Morgens, gleich nach dem Aufstehen, fing sie an, das Blatt in ihrer unverwechselbar feinen kalligrafischen Handschrift mit allerlei Geschichten, Gedichten und Erinnerungen zu füllen, und legte sich spätabends, wenn es bis in die letzte Ecke vollgeschrieben war, erschöpft zur Ruhe.

Damit war der Moment für den Radiergummi gekommen, der sich nun die ganze Nacht über für seine Partnerin aufrieb, damit sie am nächsten Morgen, wie gewohnt, ihr weißes Blatt Papier vorfand.

Ehepaare

Zwei ältere Ehepaare, von denen das eine den Tunnel östlicherseits und das andere den Tunnel westlicherseits betreten hatte, kollidierten tief im stockdunklen Inneren, stürzten zu Boden, erhoben sich jedoch sogleich wieder und setzten den jeweiligen Weg fort, ohne freilich bemerkt zu haben, dass es im Moment allgemeiner Verwirrung, welcher der Kollision gefolgt war, zu erheblichen Verwechslungen gekommen sein muss, in deren Konsequenz jede und jeder der vier Beteiligten mit einem neuen Partner, beziehungsweise einer neuen Partnerin weitergegangen ist und seitdem mit demselben oder derselben durch das Leben schreitet.

Aufgefallen ist es ihnen bis auf den heutigen Tag nicht. Was kein Beweis für irgendetwas ist. Aber ein Indiz schon.

Nichts los

In dem kleinen Ort im Bergischen Land, wo am Abend die Lesung stattfinden soll, ist nichts los. Einzig im Kreisverkehr geht es immer rund.

Nächtliche Kreuzung

Alles wie tot hier

Doch die Ampeln
tun ihren Dienst
damit das Nichts von links
und das Nichts von rechts
sich nicht in die Quere kommen

Nette Auskunft

Diese Straße hier
die führt direkt nach Morgen.

Sie können natürlich
auch links oder rechts
in die Gassen biegen
und sich mal
die Nacht angucken.

Trost

Je höher
dein Misthaufen

desto besser
die Aussicht

Mars

Der höchste Berg auf dem Mars ist fünfunddreißigtausend Meter hoch. Beneidenswerte Abfahrtsläufer, armer Sisyphos.

Hülfe

Ein Fahrkartenautomat, der für dich, du ewig Zögerlicher, entscheidet, wohin die Reise geht.

Schiffe

Kommt man in Köln aus dem Bahnhof, wartet gleich nebenan das Kirchenschiff des Doms. Das liegt hier schon seit 800 Jahren. Kommt man aber in Norddeich Mole an, wartet gleich nebenan das Fährschiff nach Norderney. Das legt in fünf Minuten ab.

Höhe Feuerschiff

Beim Auslaufen
übt der Ausguck
schon mal:

Land in Sicht
Land in Sicht.

Der wird sich noch umgucken.

Eisberg

Der Kapitän des Dampfers, der eigentlich unweigerlich auf den Eisberg zusteuerte, reagierte angesichts dieser ungeheuren Gefahr derart langsam, dass der Eisberg gerade noch rechtzeitig abschmolz.

Mal sehen

Im Hafen liegt ein Schiff. Das hat die Seuchenflagge gesetzt. Abends um sechs erscheinen zwei Matrosen an Deck und werfen die jeweiligen Leichen des Tages über Bord. Immer auf die Minute pünktlich. Man stellt seine Uhr danach. Langeweile macht sich breit.

Als das Schiff aber dann irgendwann leer ist und nur noch die beiden Matrosen an Bord sind, versammeln sich die Einwohner am Kai und wollen mal sehen, was jetzt passiert.

Wie nun jedoch um sechs Uhr abends zunächst der eine Matrose über Bord springt und exakt vierundzwanzig Stunden später der andere, ist die Enttäuschung groß. Außerdem weht immer noch die Seuchenflagge am Mast. Die hätte der letzte Mann wenigstens dippen können.

Vor Shetland

An Bord
des untergegangenen Schiffes
gibt es jeden Tag Fisch.

Immer nur Fisch,
meutert die Mannschaft
und kein Land in Sicht.

Beschwerden
sind an den Kapitän zu richten.
Doch der liegt wieder mal
ertrunken in seiner Kajüte.

Sündflut

Am Ende stand sogar das Meer unter Wasser.

Das Element

Es steht dir bis zum Halse manchmal.
Dann wieder fehlt es und deine Zunge,
ein rissiger Lappen aus Leder, lallt danach.

Es rauscht in der alten Leitung aus Blei.
Hinter der Tapete sickert es durch die Wand.
Es tropft aus leckem Hahn in den Spülstein
und raubt dir den Schlaf.

Es netzt deine glühende Stirn,
wäscht von deinen Händen,
was dort keiner sehn soll.

Es tilgt deine Spuren im Sand.
Als Sturzbach fällt es aus schwarzem Himmel
und deckt dich mit täuschendem Weiß.

Über die Ufer steigt es und schwemmt,
was nicht fest steht, davon.

Nussschalen trägt es, der Hoffnung
und verschlingt wen es will.

Auf Tauchstation

Hoch oben über dir
am wässrigen Himmel
die Kiele der Kieler
die lockeren Schrauben der Bremer
die Paddel und Ruder
die tuckernden Kutter
und tunkenden Schwäne
die schnittigen Spuren der Spinner

Um dich herum
nur qualliges Gallert
und tanzender Tang

Schnappnah
dir vor Augen
krümmt sich
am Haken
der Wurm

Kontinente

Während die Kontinente an der Vorderseite spektakulär auseinanderdriften, wachsen sie hinterrücks wieder zusammen.

Aussichten

Als aber die Bewohner der großen nördlichen Tiefebene sich daran machten, die hoch aufragenden Gipfel ihrer Schuldenberge zu erklimmen, wurden die Aussichten zusehends besser. Neugierige aus anderen Regionen und schließlich auch Touristen strömten herbei, um es den Einheimischen nachzutun. Es ging, im eigentlichen Wortsinn, aufwärts. Und dennoch: Je mehr Gäste die Schuldenberge besuchten und touristisch nutzten, desto besser ging es den Einheimischen, und die Höhen begannen bedrohlich abzuschmelzen und zu schrumpfen, was dazu führte, dass die Besucher schließlich fortblieben und die Schuldenberge wieder wuchsen. Ganz interessant im Grunde. Aber auf die Dauer doch ziemlich langweilig.

Dummersdorf

Auf dem Weg von Lübeck nach Travemünde kommen wir immer durch Dummersdorf. »In Dummersdorf«, sagt mein Vater, »müssen all die leben, die in der Schule nicht aufgepasst haben!« Einmal sehe ich im Vorbeifahren, wie eine Dummersdorferin mit ihrem Säugling im Garten steht. Warum bloß muss auch der Säugling hier leben, frage ich mich, wo er doch noch gar nicht zur Schule geht ...

Einhaus

Auf dem Weg nach Ratzeburg fahren wir durch einen Ort namens Einhaus, der aber, für jeden sichtbar, mindestens zwei, wenn nicht sogar erheblich mehr Häuser umfasst. »Man darf nicht alles glauben, was geschrieben steht«, sagt mein Vater.

Tötensen

Ein winziges Kaff, das es auf ein Autobahnhinweisschild gebracht hat: Tötensen. Das ist ein Befehl, sagt einer: »Tötensen!«

Rauschen

Endlich sitzt du
wieder am Meer

schließt deine Augen
und lauscht

dem Rauschen
dem Rauschen
dem Rauschen

Autobahn
denkst du
Autobahn

Es klingt
wie Autobahn
denkst du

Idiot

Konzepte

Einmal geschah es, dass einer der zahlreichen vom Wahnsinn angehauchten Diktatoren der Antike eine Reihe von Autobahnen bauen ließ. Darunter auch drei- und vierspurige Ausfertigungen! Da es aber seinerzeit überhaupt noch keine Autos gab, wurde der Diktator natürlich schon bald von seinem Nachfolger gestürzt, der sofort sämtliche Autobahnen restlos zerstören ließ, um sich sogleich mit Haut und Haaren der Herstellung von Autos zu widmen, denen es nun aber an den entsprechenden Autobahnen gebrach. Verständlicherweise wurde auch dieser Diktator umgehend niedergemacht und mitsamt seinen Autos ratzekahl aus dem Verkehr gezogen.

Als nun sein Nachfolger damit begann, das ganze Land mit einem Netz von Tankstellen zu überziehen, sprachen die Skeptiker ihm jegliche Zukunftsperspektive ab, denn schließlich gab es ja weder Autobahnen noch Autos. Doch sie sollten sich täuschen, denn an den Tankstellen wurde Bier verkauft und an Sonntagen gab es dort frische Brötchen. Ein bis auf den heutigen Tag durchaus erfolgreiches Konzept.

Forstaufseher

Jeden Abend geht der Forstaufseher durch den Wald und ruft seine Bäume zur Ordnung.

Ein Wald über Nacht

Über Nacht war rund um das Haus ein Wald gewachsen. Auf den Bäumen saßen die Hasen und rauchten. »Mein Gott«, rief seine Frau, »wenn das man kein Unglück gibt! Das Unterholz ist knochentrocken!« Er wusste gar nicht, wovon sie redete. »Hörst du denn nicht?«, rief seine Frau. »Das Unterholz ist knochentrocken, und auf den Bäumen sitzen die Hasen und rauchen! So tu doch endlich was!« Er riss das Fenster auf und brüllte gleich los: »Seid ihr eigentlich bekloppt? Das Unterholz ist knochentrocken, und ihr sitzt auf den Bäumen und raucht!« Worauf die Hasen zu Tode erschrocken ihre Kippen ins Unterholz schnippsten und alles komplett niederbrannte, so als wäre über Nacht nie und nimmer ein Wald gewachsen und um irgendein Haus herum schon gar nicht.

History & Herstory

Revision

Den ersten Menschen, die aufrecht gingen, wird wegen offenbaren Dopings der Titel aberkannt.
Gold geht an die Kriecher.

Historischer Augenblick

Die Schnurkeramiker werden gerade von den Glockenbechlern niedergemacht. Scherben bringen Glück, sagen die einen. Bringen sie nicht, sagen die anderen.

Alte Schule

Ein in Ehren ergrauter Soldat, der nach vielen Kriegen schon wieder einmal hinausziehen sollte in die Fremde, um dorten wie wild um sich zu schießen und Leute abzuknallen, war es diesmal leid und sprach zu seiner Familie: »Wild um mich schießen und Leute abknallen kann ich auch daheim, dazu brauche ich nun wirklich nicht in die Fremde zu ziehn!« Sprach's, tat's und lebte glücklich bis an sein Ende.

Die beiden Generäle

Gemeinsam hatten sie als Kinder in einer Sandkiste gespielt, ohne zu ahnen, dass sie einst als hochdekorierte Generäle zwei sich spinnefeinde Landstreitkräfte anführen würden. Wann immer es das Kriegsgeschehen zuließ, trafen sie sich heimlich in einem kleinen, notdürftig liebevoll eingerichteten Erdbunker, tranken schweigend einige Flaschen Spätburgunder und verstanden die Welt nicht mehr.

Dann wankten sie traurig in ihre Stellungen zurück und schickten wieder ein paar junge Leute in den Tod.

Militär

Seit das Militär komplett abgeschafft worden ist, patrouilliert überall, damit es nicht wieder angeschafft werde, das Militär.

Fertig

Eines ist ganz, ganz wichtig, weißt du? Du darfst nie, niemals, hörst du, niemals etwas vollenden! Wenn nämlich erstmal etwas fertig ist, vollendet, komplett, dann kannst du Gift darauf nehmen, dass im nächsten Moment einer um die Ecke kommt und gleich losbrüllt: »Sagen Sie mal, was sitzen Sie hier eigentlich rum? Sie haben wohl nix zu tun, was?« Und schon musst du Kartoffeln schälen oder wirst in den Krieg geschickt. So ist das. Wenn du was fertig machst, machen sie dich fertig.

Napoleon

Schon lange vor Napoleon soll es Menschen gegeben haben, die von sich behaupteten Napoleon zu sein.

Vor dem Gewandhaus

Als man Anno Sechsunddreißig
über Nacht das Denkmal
des Felix Mendelssohn
vom Sockel holte
und seine Musik verbot

sollen die Vögel von Leipzig
seine Melodien stellvertretend
weitergezwitschert haben
für ein paar Jahre

zur Freude der einen
zur Wut der anderen

Dann aber war nur noch
Geheul in der Luft von Sirenen
und das Dröhnen von Pauken

Wagner, sagten die Leute,
das ist von Wagner

Lübeck, 1. September 1939

Auf dem vierten Stuhl
am Frühstückstisch
sitzt heut zum ersten Mal der Krieg.

Aus dem Radio
sprang er mitten in das Zimmer
und nahm Platz.

Das ist der Krieg,
sagt meine Oma.
Und mein Opa nickt.

Doch meine kleine Mutter,
sie ist acht,
versteht nicht, was das heißt.

Hunger hat der,
sagt mein Opa, großen Hunger
und immer Appetit.

(Und beim letzten Mal,
das sagt mein Opa lieber nicht,
da fraß der seinen Bruder).

Doch was die Kleine
heute wirklich wissen will:
der Zirkus, kommt er?

Und ihr Vater blättert
in der Zeitung:
Circus Krone kommt!

Mit dreiundzwanzig Elefanten
und einer Riesen-
Menschenaffenschau.

Aus Hamburg kommt er
mittags an in Lübeck
und morgen gehn wir hin!

Darüber sprechen alle
auf dem Schulhof heute:
Circus Krone kommt!

Mit dreiundzwanzig Elefanten
und einer Riesen-
Menschenaffenschau.

(Ach ja, und auch bei
Sigi, Waltraut und bei Edith
saß heut am Frühstückstisch der Krieg).

Einige nützliche Sätze aus dem Wörterbuch zur Verständigung deutsch – russisch, Feldausgabe 1941

Guten Tag! Guten Abend! Wie geht's?
Wie heißt dieser Ort hier?
Zeigen Sie gutwillig alles, was Sie haben!
Bringen Sie Butter, Käse, Eier, Brötchen, Zucker.
Machen Sie gute Quartiere fertig für 20, 30, 50 Mann.
Bringen Sie Bier, Branntwein, Zigarren, Zigaretten.
Putzen Sie die Stiefel.
Sprechen Sie deutsch?
Ist jemand hier, der deutsch spricht?
Bringen Sie die Weinkarte!
Wo kann man? Wieviel kostet? Wo ist?
Was wünschen Sie? Was ist los?
Ist der Ort von Rotarmisten besetzt?
Wo wohnt der Dorfschulze?
Rufen Sie den Dorfschulzen sofort hierher!
Beeil dich! Hände hoch!
Ist das Flussufer sumpfig oder fest?
Antwortet: ja oder nein.
Sagt die Wahrheit, sonst werdet ihr erschossen.
Danke vielmals!
Reinigen Sie die Uniform von Flecken!
Bringen Sie mir ein frisches Hemd.
Grüßen Sie zu Hause!
Auf Wiedersehen!

Jüdischer Friedhof, Czernowitz

Die Grabinschriften
Russisch, Hebräisch, Ukrainisch
Rumänisch, Jiddisch, Deutsch

Hier kannst du
von den Toten lernen
wie sich zusammen leben ließe
ohne Streit

Kriegerdenkmal

Weißt du noch?
fragt die alte Frau.

Weiß ich noch was?
fragt das Kriegerdenkmal.

Meine Tränen damals ...
sagt die alte Frau.

Was denn für Tränen?
fragt das Kriegerdenkmal.

Ach, vergiss es!
sagt die alte Frau.

Hab ich doch schon!
sagt das Kriegerdenkmal.

Tuchfühlung 1968

Damals
in Lübeck
trug ich
eine amerikanische Militärjacke.

Ergattert für neun Mark
im US-Surplus Shop
(oder wie das hieß)
mit einem Originaleinschussloch
(so der Verkäufer)
in Brusthöhe.

Ihren Dienst, sagte er
hat die Jacke
bis vor einem Monat
in Vietnam gemacht!

Wie angegossen jedenfalls
hat sie gepasst.
Neun Mark.
(Oder warn's bloß siebenfuffzig?)

Der Name des Yankees
lesbar in dunkelblauer Tinte
(oder als Aufnäher in Schwarz?)

gleich neben dem Loch
(oder auf dem Ärmel?)
Jim! (das weiß ich noch
ganz genau) oder Rick?
(Kann auch sein)

Was ich sagen wollte:
wenn du so eine Jacke anhast,
dann weißt du, was los ist!

Pfefferminzgeschmack

Nach dem Krieg ist die deutsche Sprache derartig verrottet, dass sich die Muttersprachler gelegentlich mitten im Satz die Zähne putzen müssen. So erklärt sich übrigens auch die große Beliebtheit von Kaugummi.

Mann geht nicht ohne Hut

Durch eine geradezu zwanghafte Hutmode kompensierte die Herrenwelt in den Fünfzigerjahren den allgemeinen Stahlhelmverlust.

Schule

Ich habe noch Lehrer gehabt, bei denen es immer wie Führer klang, wenn sie früher sagten.

Das Gewissen

Es schnappte nach ihnen. Aber es biss sie nicht.

Liebe Nachbarn!

Bei Schießereien
im Treppenhaus
nach 22 Uhr

benutzen Sie doch bitte
ihre Schalldämpfer.

Luftaufklärung

Hoch über uns am Himmel,
über den Schlachtfeldern,
die uns die Welt bedeuten

(oder uns am Arsch vorbeigehn),

den Ballermännern und Feldlagern,
den blutgetränkten Wüsteneien,
hoch über Leo, Tiger, Sturmgewehr,
den minenverseuchten Sperrgürteln,
über dem gefallenen Frischfleisch

(früher musste ich schon kotzen,
wenn einer nur das Wort Kamerad
in den Mund nahm),

hoch über uns am Himmel,
unsichtbar und nicht zu kriegen
für die Krieger, über all dem
zieht er schnurrend seine Runden,
den Steuerknüppel in der Hand,
aus Königsberg: Professor Kant.

Rätsel

Ob sich aus einer Tonne Vergangenheit zehn Gramm Zukunft recyceln lassen?

Weltenlauf

Abends geht die Welt unter, und morgens geht sie wieder auf.

Vererbungslehre

Kinder
die von ihren Eltern
geschlagen werden

schlagen
nach ihren Eltern

Der stärkste Mann der Welt

Er kann Bäume ausreißen
Eisen durchbeißen
und Berge umschmeißen

Er kann Meere aussaufen
Drachen wegschnaufen
und Weltrekord laufen

Er kann Löwen verjagen
Felsen zerschlagen
und Bretter zernagen

Aber er kann
nicht einschlafen
ohne sein Kuscheltier

Willkomm für Kali Mira

**23. Januar 2021*

Neugeboren
in eine Welt
der Masken

Hab keine Angst

Die werden
wieder fallen
wenn auch nicht
bei allen

Vor Menschen
solcher Art
bleib lebenslang
bewahrt

Siebenundvierzig Dreizeiler

Ein Fässchen Tinte
schleppt der Bernhardiner ran
dem Dichter zu Hülf!

Der Schütze zieht ab.
Und schon zappelt er im Netz,
der Elfmeterpunkt.

Im Schutze der Nacht noch
schwimmt aus dem Osten
der Morgen ans Ufer.

Die Vogelscheuche
singt ein Frühlingslied:
Amsel, Drossel, Fink und Star.

Zu früh aufstehend,
betrachte ich neidvoll
mein schnarchendes Kissen.

Unter dem Tisch des Chirurgen
spielt die Katze
mit einem Finger.

Wenn es dunkelt und
keiner schaut hin,
lächelt die Maske des Bösen.

Der ausgestopfte Vogel
im Klassenzimmer.
Das zwitschernde Kind.

Im Anflug schon
die Hände Chopins.
Aber noch kein Mucks vom Klavier.

Bestsellerautor
macht einen Waldspaziergang.
Bäumlein, rette dich!

Erster Frühlingstag.
Das blühende Leben herrscht jetzt
auf dem Friedhof.

Jesus fällt vom Kreuz.
Doch der Pfarrer nagelt ihn
ruck-zuck wieder dran.

Liebesgedicht
auf den Kotzbeutel geschrieben:
Marmor bricht. Wir nicht.

Die Chrysantheme kann
ihren eignen Namen nicht schreiben.
Na und?

Auf der Glatze des alten Mannes
spiegelt sich
die Kirschbaumblüte.

Der Nachtwächter schläft.
Da steigt leise der Morgen
durchs Fenster ins Haus.

Duftlos die Tulpe.
Das Mädchen
träufelt etwas Rosenwasser drauf.

Ob Brennholz oder Riemenschneider
ist ihm schnurz.
Dem Holzwurm schmeckt es.

Durch das Schlüsselloch
seh ich sie draußen blühen:
die Schlüsselblumen.

Alle denken noch:
Die Natur boxt sich schon durch.
Da fliegt das Handtuch!

Der Feldblumenstrauß,
der den aus Plastik ersetzt,
wirkt weniger echt.

Unter der Last
der landenden Vögel
zerbricht die Vogelscheuche.

Die toten Mücken
auf meiner Windschutzscheibe:
Sie jucken mich nicht.

Das offene Grab:
Fröhlich pfeifend entsteigt ihm
der Totengräber.

Nur spaßeshalber
regnet es ein bisschen
in das klitschnasse Meer.

Nach Feierabend
füttert die Vogelscheuche
die Tauben am Markt.

Aus dem Loch, das der Taktstock
des Dirigenten gemacht hat,
tropft Blut.

Arbeiterdenkmal:
Kleine tote Ameise
im Bernsteinklumpen.

Im Geäst vertütert
muss die Sonne
die ganze Nacht scheinen

Des toten Hundes Echo
bellt noch ein bisschen.
Aber es beißt nicht.

Hundert Nacktschnecken
stürmen den Altkleidersack.
Arschkalter Morgen.

Der Hut fliegt davon:
Mit den Zugvögeln
geht es ab in den Süden.

Nicht schon wieder Herbst!
Schwer verärgert wirft der Baum
mit seinen Früchten.

Höflich, wie er ist,
zieht der hutlose Henker
zum Gruße den Kopf.

Die Taube pickt
die Brocken aus der Kotze
am Morgen danach.

Der Mörder zieht's raus
und weist uns den Weg
mit dem blutigen Messer.

So friedlich das Reh am Waldrand!
Doch die Kugel
ist schon unterwegs.

Gewaltbereit schneuzt sich
im Turm seines Panzers
der junge Soldat.

Wütend tobt das Meer.
Die Boote bleiben an Land.
Fröhlich schwärmt der Fisch.

Auf dem Baumstumpf
sitzt der Holzhacker und passt auf,
dass ja nichts nachwächst.

Sekundenkleber,
mit dem der Stundenzeiger
sich fixieren lässt.

Die Ewigkeit von gestern
gibt es heute schon
zum halben Preise.

Der Zug nach Kalau
führt heut nur Speisewagen.
Nächster Halt: Essen.

Großzügig verteilt der Mond
sein geklautes Licht
an die im Dunkeln.

Marmorgemurmel
in der Antikensammlung:
Vorm Fenster fällt Schnee.

Mein Fahrrad
hat noch Sommerluft in den Reifen.
Es rollt über Eis.

Dem Aufschlagsgeräusch
einer Schneeflocke
noch ein wenig nachlauschen.

Selbstporträt mit Flasche

Schussfahrt

Heute Morgen um haargenau elf Uhr, sagt der Dichter, habe er sich auf dem Gipfel seiner literarischen Schöpferkraft befunden. Ganz deutlich sei das zu spüren gewesen, bis in die Haarspitzen hinein.

Doch bevor er es fertiggebracht habe, Papier und Schreibzeug hervorzuholen, sei es bereits wieder steil bergab gegangen.

Gefiederte Freunde

Aus dem Wohnzimmerfenster sieht er, wie sich im Baum vor seinem Hause zwei Engel ein Nest bauen. Haut ab da, ruft der Dichter, verschwindet! Und glaubt wirklich an die Wirkung seiner Worte.

Dabei haben sich die Biester nur unsichtbar gemacht und legen jeden Tag ein Ei.

Was tun?

Was muss ich tun, fragt jemand, um in einem Ihrer Bücher vorzukommen? Schreiben Sie einfach Ihren Namen rein, sagt der Dichter.

Im Tintenfass

Manchmal, sagt der Dichter, kann ich sie geradezu hören, die Gedichte, wie sie brüllen, tief unten im Tintenfass: Hol mich hier raus! Hol mich hier raus!

Frage

Für wen schreiben Sie eigentlich?, fragt mal wieder einer. An und für sich an und für mich, sagt der Dichter.

Selbstporträt mit Flasche

Das da ohne Korken, sagt der Dichter, das bin ich.

Anatomie, poetologische

An manchen Tagen, sagt der Dichter, bestehe er von Kopf bis Fuß aus einer Achillesferse.

Im Traum

Man möchte schließlich sehen, wen man alles so trifft im Laufe der Nacht, sagt der kurzsichtige Dichter und setzt vor dem Einschlafen schnell noch die Brille auf.

Erkundigung

Aus einer längeren Schreibklausur zurückkehrend, erkundigt sich der Dichter, ob ihm in der Zwischenzeit womöglich ein Preis zugesprochen worden sei.

Das zwar nicht, muss er vernehmen, aber man habe ein Kopfgeld auf ihn ausgesetzt.

Zwiebeltürme

Immer, wenn er aus dem heimischen Norden in den Süden des Landes gerät, hat er Tränen in den Augen. Ist es das Glücksgefühl oder die Melancholie, was sie weinen lässt?, fragt einer. Schuld sind die Zwiebeltürme, sagt der Dichter.

Fantasie

Als einer, der ausschließlich von der Fantasie lebe, sagt der Dichter, könne er natürlich niemals richtig satt werden, sich aber immerhin ganz genau vorstellen, wie es wäre, satt zu sein.

Weinflaschen

Die Vorstellung, es könnte in seine geliebten Weinflaschen hineinregnen, erfüllte den Dichter mit einem solchen Entsetzen, dass er Tag und Nacht mit einem aufgespannten Regenschirm in seinem Zimmer patrouillierte und kaum noch zum Trinken kam.

Älter werden

Statt wie andere Menschen Jahr für Jahr um gerade mal ein Jahr älter zu werden, beschloss er, ab sofort nur noch alle fünf Jahre um jeweils fünf Jahre älter zu werden.

Mit sich allein

Immer, wenn er ganz allein ist, genießt er es, endlich auch einmal im Mittelpunkt des Interesses zu stehen.

Privilegium

Inzwischen habe ich ein Alter erreicht, sagt der Dichter, das es mir erlaubt, alle meine neuen Bücher im Antiquariat zu kaufen.

Das Wort ICH

Er hatte sich fest vorgenommen, der Welt ein für allemal mitzuteilen, dass er das Wort ICH ab sofort nicht mehr in den Mund nehmen wolle. Aber als ihm dann klar wurde, dass er ja schon bei der Mitteilung, er wolle das Wort ICH nicht mehr in den Mund nehmen, das Wort ICH wieder in den Mund nehmen müsste, ließ er es lieber.

Rückwärtsgänger

Ich bin überzeugt, sagt der Dichter, durch konsequentes Rückwärtsgehen wenigstens einen Teil der durch leichtfertiges Vorwärtsschreiten vergeudeten Lebenszeit wiedererlangen zu können.

Geheimnis

Ohne seine Gedichte wäre die Welt etwas schwerer, oder leichter, oder gar nicht, oder erst recht, was aber, von ihm abgesehen, niemand weiß.

Über die Liebe

Warum er denn nie über die Liebe schreibe, fragt einer. Immer wenn ich's versuche, sagt der Dichter, verdampft mir die Tinte.

Interview

Welche Frage beschäftigt Sie momentan? fragt einer. Ihre, sagt der Dichter.

Die Vergangenheit

Auf einem Spaziergang bemerkt der Dichter, wie er langsam aber sicher von der Vergangenheit eingeholt wird. Er hält inne, tritt einen Schritt zu Seite und sucht Unterschlupf in einem Hauseingang. Da rauscht sie auch schon vorbei, erstaunlich frisch noch. Eigentlich ganz die Alte, sagt der Dichter.

Vier Uhr früh

Wach liegend bricht er Zeilen. Neben ihm, die Schöne, reimt sich im Schlaf. Vorm Haus, im Baum, zwitschert ein erstes Gedicht.

Schreibblockade

Während seiner Schreibblockade fühlt er sich den Großen der Weltliteratur nah, wie nie. Sowas haben sie alle gekannt, sagt er sich, dieses vergebliche Nagen am Bleistift, diese Verzweiflung, nichts auf das Papier zu bekommen. Und weiß doch, dass er sich seine Schreibblockade nur schönredet: denn was, bitte sehr, ist das, was er nicht schreibt, verglichen mit dem, was sie nicht schreiben.

Am Wasser

Sie nehm ich nicht mit! sagt der Fährmann zum Dichter. Wo Sie hinfahrn will ich auch gar nicht hin, sagt der Dichter, fahrn Sie man ruhig! Da steigt auch schon das Wasser und steht dem Dichter bis zum Hals. Nur. Gott sei Dank.

Dem Fährmann fehlen die Ufer. Er rudert im Kreis. Na, fahr man, Fährmann, sagt der Dichter.

Ach, die Leser

Meine Leser, sagt der Dichter, lassen sich theoretisch in zwei Hauptgruppen unterteilen. Und zwar in einerseits solche Leute, die meine Bücher lesen, weil sie deprimiert sind, und andererseits solche, die deprimiert sind, weil sie meine Bücher lesen. Praktisch verhält es sich aber so, dass überhaupt niemand meine Bücher liest, was mich ungemein deprimiert.

Blick, ängstlich

Der ängstliche Blick des Dichters über die Schulter: Vom Horizonte her naht der große Radiergummi des Vergessens.

Ad infinitum

Und woran schreiben Sie jetzt gerade? fragt einer. Ich schreibe daran, woran ich schon schreibe, so lange ich schreibe, sagt der Dichter. Ich schreibe an meinen letzten Worten.

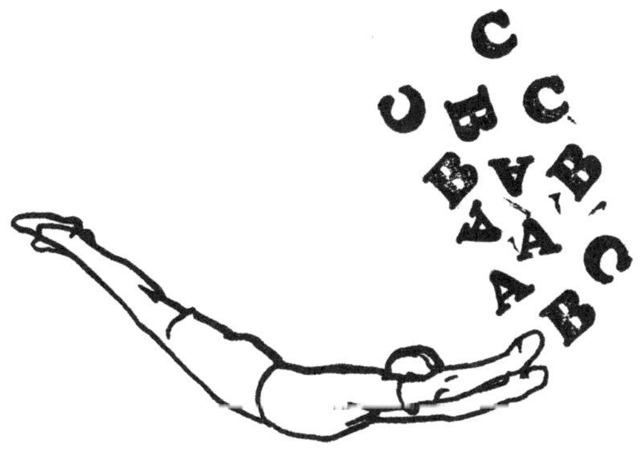

Zu dieser Auswahl

Keine ganz leichte Aufgabe, aus einem Konvolut von immerhin 14 seit 1991 in diesem Verlag erschienenen Einzelbänden mit insgesamt gut 1.500 Druckseiten ein etwas über 100 Seiten umfassendes Auswahlbändchen zu destillieren, die dazu kommenden neuen Gedichte und Miniaturen noch gar nicht mal mitgerechnet. Aber wenn der Verleger meint, nach über drei Jahrzehnten Augustin in der Edition Temmen sei es doch mal wieder höchste Zeit für so ein kleines »Best-of-Album« ... welcher Autor könnte da bitte widerstehen?

2007 hatte mir Horst Temmen schon einmal diese Aufgabe gestellt. Der daraus resultierende Band *Nur die Urne schwimmt – Das Beste & Neueste* mit dem fulminanten Vorwort meines Freundes und literarischen Gurus Günter Kunert wurde tatsächlich zum Bestseller unter den insgesamt 18 Bänden (Sachbücher mitgezählt), die ich bislang bei Temmen veröffentlichen durfte. In seinem Verlagsprogramm habe ich mich immer wohlgefühlt neben Kollegen wie György Dalos, Janosch, Boleslaw Fac, Jürgen Alberts, Til Mette, Peter Dahl, Johann-Günther König oder Arnd Zeigler. Auswahlbände meiner Gedichte und literarischen Miniaturen gibt es inzwischen auch in anderen Sprachen, veröffentlicht u.a. in Irland, England, Griechenland, Mexiko, Italien, Schweden, Portugal und Polen.

Für den vorliegenden Auswahlband *Immer was zu knabbern* habe ich aus folgenden Bänden geschöpft und die Texte dabei auch teilweise neu bearbeitet: *Mal eben Zigaretten holen* (1991), *Der Polarstern ist durchgebrannt* (1993), *Klein-Klein* (1995), *Anundfürsich* (1997), *Das perfekte Glück* (2001), *Kleines Brimborium* (2003), *Der Chinese aus Stockelsdorf* (2005), *Geklautes Licht* (2009), *Der Bahnhof fährt ab* (2011), *Denkmal für Baby Schiller* (2014) und *Der stärkste Mann der Welt* (2018). Die beiden Prosabände *Koslowski* (1998) und die *Ostsee-Storys* (2012) sowie das Bändchen *Ach und Krach* (1992) mit meinen gesammelten Dramoletten aus der »Neuen Zürcher Zeitung« habe ich für diese Auswahl nicht berücksichtigt, die somit ausschließlich lyrische Texte enthält.

Meiner Lektorin und Buchgestalterin Daniela Frankenstein danke ich für Rat und Tat. Meinem Verleger Horst Temmen für sein Vertrauen, das ich jetzt schon seit zweiunddreißig Jahren schamlos und beglückt ausnutzen darf.

Der Autor

Michael Augustin, in Lübeck geboren, studierte in Kiel und Dublin Volkskunde und Anglistik. Wenn er nicht auf Reisen ist, lebt er zusammen mit seiner Frau, der indischen Schriftstellerin Sujata Bhatt, in Bremen. Er schreibt Gedichte, Minidramen und Kurzprosa sowie Lyrik für Kinder und übersetzt aus dem Englischen. Seine Collagen, Zeichnungen und visuellen Gedichte sind weltweit publiziert worden.

Für viele Jahre hat er bei Radio Bremen als Feature-Autor und Redakteur gearbeitet und sich dabei u.a. als Leiter des internationalen Festivals »Poetry on the Road« intensiv mit der Präsentation von Lyrik aus aller Welt befasst. Er ist Mitglied im PEN.

Augustins Bücher wurden in viele Sprachen übersetzt, und er war Gast auf Poesiefestivals in aller Welt. Ausgezeichnet wurde er mit dem Friedrich-Hebbel-Preis, dem Kurt-Magnus-Preis der ARD und zuletzt 2021 mit dem Premio Casa Bukowski Internacional de Poesía. Er ist Honorary Fellow der Universität Iowa und am Dickinson College in den USA und war Writer in Residence an der Universität Bath in England und im Heinrich-Böll-Cottage in Irland.

Anfragen zu **Lesungen mit Michael Augustin** richten Sie bitte direkt an info@edition-temmen.de

Mit Ach & Krach & viel Gefühl

Music by Uli Sobot